THE COUNTRY MUSIC FUN TIME ACTIVITY BOOK

BY AYE JAY!

ECW PRESS

Published by ECW Press
2120 Queen Street East, Suite 200, Toronto, Ontario, Canada M4E 1E2
416.694.3348 / info@ecwpress.com

Library and Archives Canada Cataloguing in Publication

Morano, Aye Jay
Country music fun time activity book / Aye Jay.

ISBN 978-1-55022-886-1

1. Country music--Humor. 2. Coloring books. 3. Puzzles. 4. Games.
I. Title.

ML3524.M832 2009   782.4216420207   C2009-902548-5

Developing editor: Jennifer Hale
Cover illustration and text design: Aye Jay!
Cover design: Brent Rollins
Production: Rachel Ironstone
Printing: Webcom 1 2 3 4 5

Printed and Bound in Canada

ECW PRESS
ecwpress.com

CIRCLE THE STATE THAT MATCHES THE NAME OF THE GROUP BELOW

COLOR KENNY ROGERS

HOW MANY WORDS CAN YOU MAKE OUT OF

GRAND OLE OPRY®

HELP BROOKS FIND DUNN!

CONNECT THE DOTS TO MAKE LYLE LOVETT'S HAIR

COUNTRY LIBS

Hank Williams — "Move It on Over"

Came in last night at __________ past __________
(fraction) (# between 1-12)

That __________ of mine wouldn't let me in
(endearing nickname)

So __________ it on over (move it on over)
(verb)

__________ it on over (move it on over)
(verb)

Move over __________ dog cause the big __________'s moving in
(adjective) (animal)

__________ changed the lock on __________ front door
(pronoun) (possessive pronoun)

My __________ key don't fit no more
(adjective)

So __________ it on over (move it on over)
(verb)

__________ it on over (move it on over)
(verb)

Move over __________ dog cause the fat __________'s moving in
(adjective) (animal)

This __________ house here is mighty __________
(noun) (adjective)

But it's better than no __________ at all
(noun)

So __________ it on over (move it on over)
(verb)

__________ it on over (move it on over)
(verb)

Move over __________ dog cause the new __________'s moving in
(adjective) (animal)

She told me not to __________ around
(verb)

But I done let the deal __________ down
(verb)

So __________ it on over (move it on over)
(verb)

__________ it on over (move it on over)
(verb)

Move over __________ dog cause the mad __________'s moving in
(adjective) (animal)

__________ warned me once, __________ warned me twice
(pronoun) (pronoun)

But I don't take no one's __________
(noun)

So __________ it on over (move it on over)
(verb)

__________ it on over (move it on over)
(verb)

Move over __________ dog cause the tall __________'s moving in
(adjective) (animal)

She'll __________ back to me on her __________
(verb) (body part plural)

I'll be busy scratching __________
(insect)

So __________ it on over (move it on over)
(verb)

__________ it on over (move it on over)
(verb)

Move over __________ dog cause the mad __________'s moving in
(adjective) (animal)

Remember __________, before you __________
(baby animal) (emotion verb)

That __________'s yours and this __________'s mine
(noun) (noun)

So __________ it on over (move it on over)
(verb)

__________ it on over (move it on over)
(verb)

Move over __________ dog cause the hot __________'s moving in
(adjective) (animal)

COUNTRY PIONEERS WORD SEARCH

```
F P Z V S Y J G J C C G V F D N H C O V T V J S T V U W Y B
H W O P G R E Q A Q H B Q F I H U Q W F N D O N U A J A H D
H Q R O G E R M I L L E R U P D V Y Z E A G E I N C P Y L L
F H W W U M R F A D J H T C J L G J F X C C J K Q O N V T C
P R H N R E Y L L A R E G A M B D E N S N I H R V M I X T Q
B F O L C H L L E Z I R F Y T F E L V I S P R E S L E Y J L
T U E G S P E E E N Q X A O Y K M J V V E I Q P B M I V Y S
G E T P L L E B U S E R U R S F I E I W S U D L Y A O P W R
H Q N G R A L P H S T A N L E Y N N F A R Z Z R C A O D J P
H O K N A R E M E U R E A R J E E I S N S P W A Z L R M D G
P O R T E R W A G O N E R I G U R U U O E C T C H G D Y G G
U E B G Q S I C I T R K G F B Y R N G T B Z C Y R R O Z P M
A J I Q I B S N G L W N L O L W X C C B E C X K G Y O I C T
J L H W C D W E G U D L O N R A Y D D E Q N W I E Z P J P R
O A G C D A N L E R P G J M O Y T I B E R W J X S E D M O D
C P R Q L E H G O E J D P O L T O T B T R A Q F X O R M O R
J N C I A V B Z L T R L R Y E L J R U M J O R S C M Q U I U
G R S U P D I A B T S N Z M R C I Y O V T C D K J I H S K L
K C T F M H V E S I L L I T L E M B G G K F E U Y F K I X F
E R B Z H F M L B R T R L E M G M O G X S F G D M T M L D K
Y X H N U O D N D X O K K I F X I F N Y S S P I F U Y U O U
D Z Y W D F N Q X E E G T V W O E U M C Y I K X Z W W K Y X
N N P E C V S X A T Z Z E D B B R S N Z K I U X R N J V B H
P X V L H S Z I R N O S T A W C O D O M U Q B I I W Y E Q U
D B C G B J C U H G U X K Y Z U D B W S M C O T H J H M Q Z
P B N H V G N B O F M X A Z Y P G C V N Q E G N F T Q C K V
X F K S T J H H N A X C F R Z D E T D K O N W C U C V F C A
V E P V Z F A C P J Y Q I J N G R V D T D O B A N W V T P J
N G N L V B B B N K Y Z I T Z X S U Y B F R F P Q K W E O Y
U L C O K F W J D X P S K E O Y W T M L V Q L W Y N O R H H
```

Bill Monroe
Bob Wills
Carl Perkins
Chet Atkins
Doc Watson
Earl Scruggs
Eddy Arnold
Elvis Presley
Gene Autry
Gene Vincent
Glen Campbell
Jerry Lee Lewis
Jimmie Rodgers
Lefty Frizell
Lester Flatt
Mel Tillis
Porter Wagoner
Ralph Emery
Ralph Stanley
Ray Price
Roger Miller
Roy Acuff
Roy Rogers
Tennessee Ernie Ford
Tex Ritter

FINISH DRAWING DOLLY PARTON'S BODY

COLOR CLINT BLACK

MATCH THE DIXIE CHICKS QUOTE TO THE SUBJECT

A. The Backstreet Boys
B. The President of the United States
C. Arnold Schwarzenegger
D. Sheryl Crow

1. "We're ashamed _______ is from Texas."

2. "Why does everybody else have to be like _______?"

3. "I'll never write as well as _______ or Patti Griffin."

4. "_______ is a great film star, but I find his run for Governor absolutely insane."

USE THE GRID TO DRAW MERLE HAGGARD

WHO IS THIS LEGENDARY FEMALE VOCALIST?

Code:
26=a
25=b
24=c
23=d
22=e
21=f
20=g
19=h
18=i
17=j
16=k
15=l
14=m
13=n
12=o
11=p
10=q
9=r
8=s
7=t
6=u
5=v
4=w
3=x
2=y
1=z

___ ___ ___ ___ ___
11 26 7 8 2

___ ___ ___ ___ ___
24 15 18 13 22

CIRCLE THE SEVEN MISSING PARTS OF TIM MCGRAW

COLOR EMMYLOU HARRIS

USE THE GRID TO DRAW LORETTA LYNN

STRONG WOMEN OF COUNTRY

Match the artist to the song titles

1. Tanya Tucker	A.	"I Was Country When Country Wasn't Cool" "Years" "Sleeping Single in a Double Bed"
2. The Judds	B.	"Stand by Your Man" "D-I-V-O-R-C-E"
3. Tammy Wynette	C.	"Strong Enough to Bend" "Blood Red and Going Down" "What's Your Mama's Name?"
4. Barbara Mandrell	D.	"If My Heart Had Windows" "I'm That Kind Of Girl" "Chains"
5. Patty Loveless	E.	"Mama, He's Crazy" "Why Not Me?" "Love Can Build a Bridge"

HELP BUCK OWENS GET TO BAKERSFIELD

DRAW THE OTHER HALF OF GARTH BROOKS

ALTERNATIVE COUNTRY CROSSWORD

Match the band to the album title below

ACROSS

2. Risin' Outlaw
4. Anodyne
10. Southern Rock Opera
13. Live from Robert's
15. Hollywood Town Hall
16. The Tigers Have Spoken
17. Thunder and Fire
19. The Brooklyn Side
22. Devotion and Doubt
23. Palace Songs
24. Flyin' Shoes
25. Thunderstorms and Neon Signs

DOWN

1. Feast of Hearts
3. Stadium Blitzer
5. Stranger's Almanac
6. Revival
7. It Still Moves
8. Cowboy Boots and Bathing Suits
9. Is the Actor Happy?
11. Wide Swing Tremelo
12. Fair and Square
14. Heartbreaker
18. El Corazon
20. Too Far to Care
21. Being There

COLOR LINDA RONSTADT

HOW MANY WORDS CAN YOU MAKE OUT OF HANK WILLIAMS JR.

COUNTRY GROUP WORD SEARCH

C H A R L I E D A N I E L S B A N D X D M T P N G K R C D A

S S T T A L F L A C S A R O D D S D A P H M E A T J K Y N A

P N T H Y E B E S C O R K P S K M O M E W W Z S K M C T A N

W X R H A U F X H R O F V T P G R Q O U R C W L R F L H B J

O O A H E W R S L X E E J Y G L A A S I T U X E T T Q E T V

D Z T O Z S M E K B T H J F I U K B D Z D X J E P U O R R W

P P M Y L K T M C P E S T A X R V E S T G U B P E V S R I L

W F S X A M R A W T R E R O I J R O O Z V U J A L B O Z D A

M B G B V V U Z T Q R E R D R S O N J S L I B T T B N R Y L

Q F P Y O A O I B L T H G Z O B P T S I T Z D T V I D I T N

L S B O F O Y Y G A E E H F N E O Z C G Q V C H Z Q L P T S

Y O E W U L U Y R B B R T H J V P T E P X L R E C L T F I I

Q C N Y G P Y E C O V H B Z S H L H I J O C W W H A M W R I

H Q P E O H D T Y F E E O R C X A G U R Z T D H D F O P G H

I P P L S E R S O P E P X I O W M G N R R I B E F L T B Y S

N V Z U F T G Z U R M C R F E T P Z V P Q U F E J O P O T R

H F Z N M B A R S L L D G F C I H J Q J T L B L T P A H T J

I F O P G Q P R M O N D W R O P G E D J X O U G Z M V M I U

V C Y Q M L Q Z M A L L Q K J A C U R A X R O R N L V G N A

T C Z L E J I M G S V C A S B B O E T S D S I S H I H L D P

W P J S I G C I P P Z X J U E E G K W V E W R W P V Y T C S

F M A H D M B L U V R R Q W V L A Y J D H N D N V W T L J F

G G K H W C A J X X X S A N L G C E W W U Y N Y R R M J F U

E M T O F I F F R X H H R H H D V U C E N T O T D Z M C K T

Z O K W F G O W R B J D L S T P V S O A F O M O A K X J P W

S R E T N U H D A E H Y K C U T N E K E H T A Z P W Q Q Z U

S Y U F C E D L A U T H Z I J N X C O M O I I N P M S N Y R

L P E A P T Y Z B K D R P E Q Z O Z J R W D D F F I V Y C Q

S U G A R L A N D W X A A P D B B K D V O P U Q E T L K C Y

K F O Y N T Q D B G F I U C I J A N S R X Q I F L Z Q J X C

Asleep at the Wheel
Big and Rich
Carter Family
Charlie Daniels Band
Confederate Railroad
Diamond Rio
Flying Burrito Brothers
Lonestar
New Riders of the Purple Sage
Nitty Gritty Dirt Band
Rascal Flatts
Sugarland
The Kentucky Headhunters
The Oak Ridge Boys
The Statler Brothers

CONNECT THE DOTS TO MAKE GEORGE STRAIT'S HAT

OLD TIMEY TIC-TAC-TOE

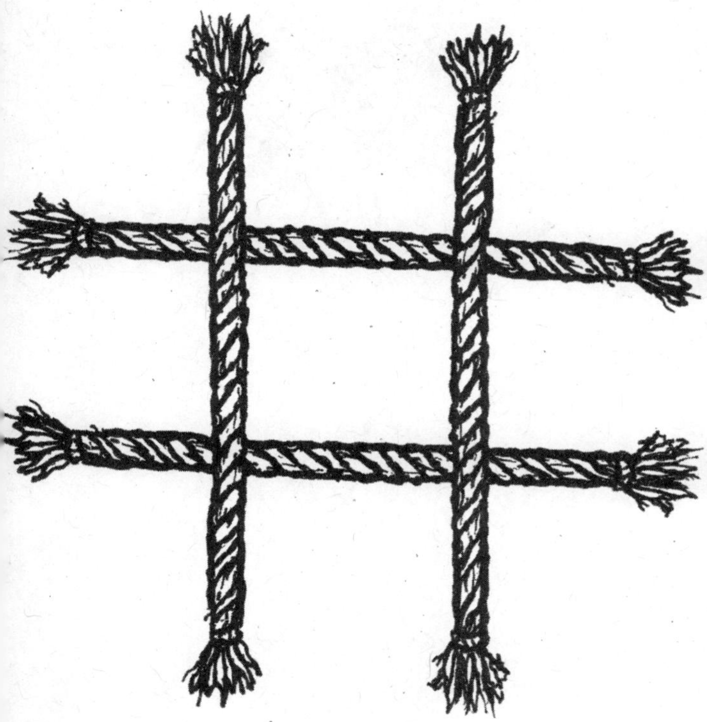

FINISH DRAWING JOHNNY CASH

USE THE GRID TO DRAW WAYLON JENNINGS

COLOR CHARLEY PRIDE

WHO IS THIS KING OF COUNTRY?

Code:
26=a
25=b
24=c
23=d
22=e
21=f
20=g
19=h
18=i
17=j
16=k
15=l
14=m
13=n
12=o
11=p
10=q
9=r
8=s
7=t
6=u
5=v
4=w
3=x
2=y
1=z

___ ___ ___ ___ ___ ___
20 22 12 9 20 22

___ ___ ___ ___ ___
17 12 13 22 8

COUNTRY LIBS

Dolly Parton — "9 to 5"

Tumble outta ______________
(noun)

And ______________ to the kitchen
(verb)

Pour myself a ______________ of ambition
(noun)

______________ and ______________ and try to come to life
(verb ending with "ing") (verb ending with "ing")

Jump in the ______________
(noun)

And the ______________ starts ______________
(body parts) (verb ending with "ing")

Out on the ______________
(noun plural)

The traffic starts ______________
(verb ending with "ing")

With folks like me on the job from ______________ to ______________
(time of day) (different time of day)

Workin ______________ to ______________
(time of day) (different time of day)

What a way to ______________ a livin
(verb)

______________ gettin by
(adverb ending with "ly")

It's all ______________
(verb ending with "ing")

And no ______________
(verb ending with "ing")

They just use your ______________
(body part)

And ______________ never give ______________ credit
(pronoun) (pronoun)

It's enough to ______________ you
(verb)

______________ if you let it
(adjective)

______________ to ______________, for service and devotion
(time of day) (different time of day)

You would think that ______________
(pronoun)

Would deserve a ______________ ______________
(adjective) (noun)

Want to ______________ ahead
(verb)

But the ______________ won't seem to let me in
(position of authority)

I swear sometimes that man is out to ______________ me . . . ______________ . . .
(verb) (make a sound)

They let your ______________
(noun)

Just a watch 'em ______________
(verb)

You're just a ______________
(noun)

On the ______________ man's ladder
(position of authority)

But you got ______________ he'll never take away
(noun)

In the same ______________
(noun)

With a lot of your ______________
(noun plural)

______________ for the day
(verb ending with "ing")

Your ______________ 'll come in
(noun)

And the ______________ 's gonna turn
(noun)

And it's all gonna roll ______________ away
(pronoun)

Workin ______________ to ______________
(time of day) (different time of day)

What a way to ______________ a livin
(verb)

______________ gettin by
(adverb ending with "ly")

It's all ______________
(verb ending with "ing")

And no ______________
(verb ending with "ing")

They just use your ______________
(body part)

And ______________ never give ______________ credit
(pronoun) (pronoun)

It's enough to ______________ you
(verb)

______________ if you let it
(adjective)

______________ to ______________, yeah, they got you where they want you
(time of day) (different time of day)

There's a better ______________
(noun)

And you think that I would ______________ you
(verb)

It's a ______________ man's game
(adjective)

No matter what they ______________ it
(verb)

And you spend your ______________
(noun)

Going ______________ if you want it
(adjective)

CONNECT DAVID ALLEN COE'S BEARD

COLOR RANDY TRAVIS

HELP WILLIE NELSON EVADE THE TAXMAN

FARM AID

HOW MANY WORDS CAN YOU MAKE OUT OF KRIS KRISTOFFERSON

DECORATE GRAM PARSONS' JUMPSUIT

MATCH DWIGHT YOAKAM'S HAT

A.

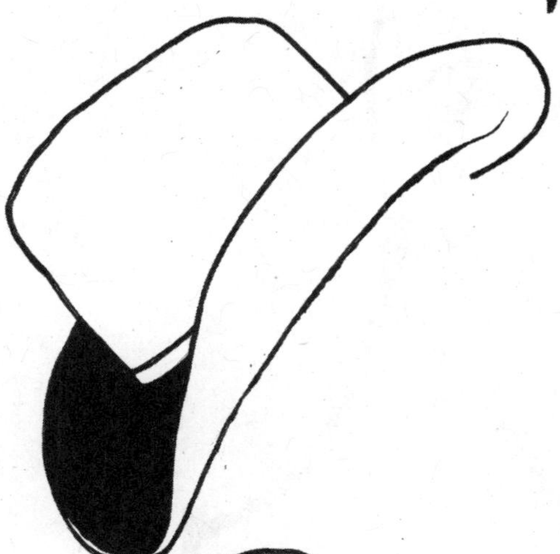

B.

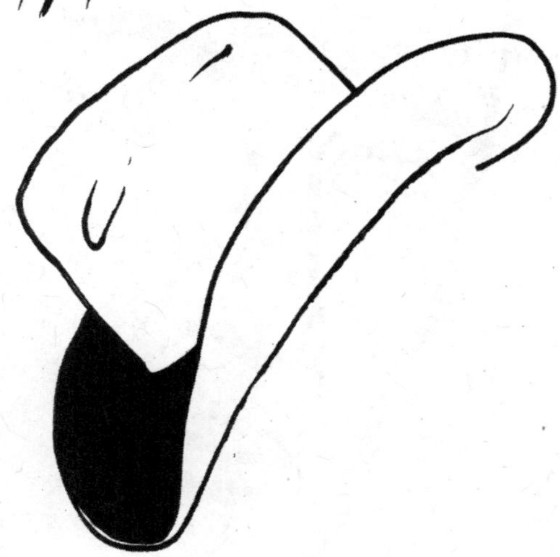

C.

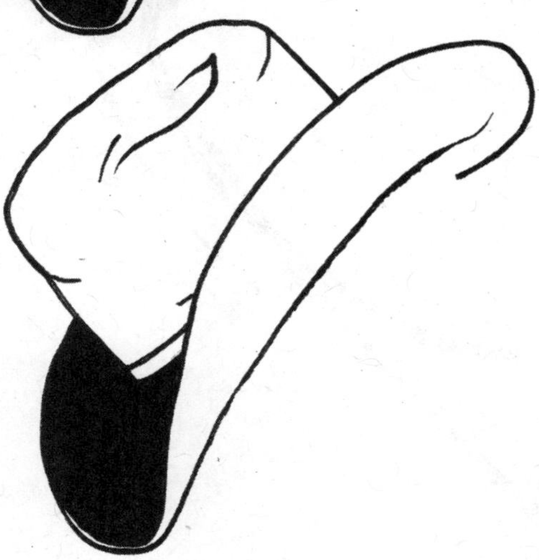

D.

DRAW BILLY RAY CYRUS'S MULLET

USE THE GRID TO DRAW HANK WILLIAMS SR.

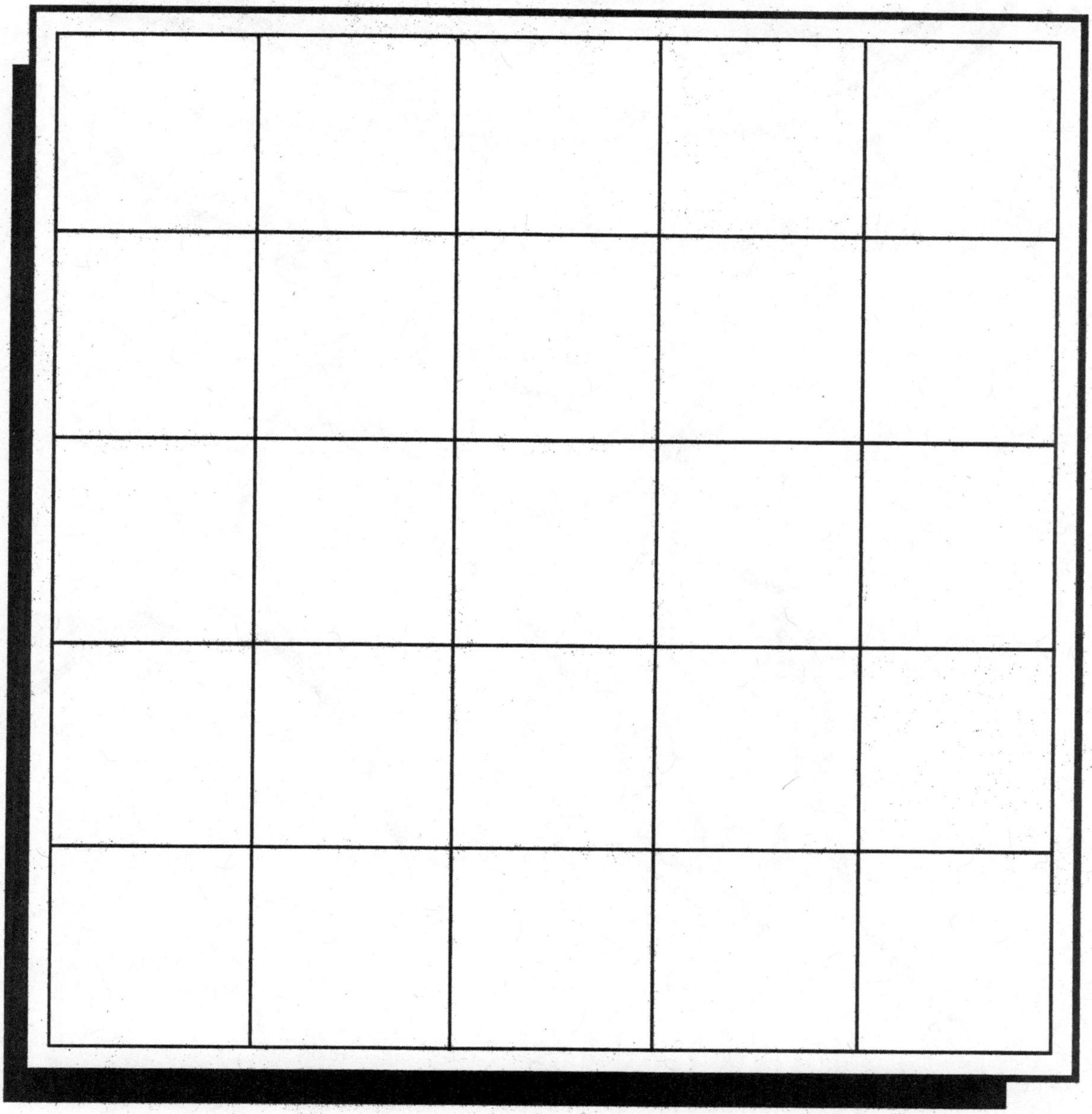

COLOR KENNY CHESNEY

FIND THE TWO MATCHING BRAD PAISLEYS

A.

B.

C.

D.

WOMEN OF COUNTRY MUSIC WORD SEARCH

Alison Krauss
Anne Murray
Barbara Mandrell
Brenda Lee
Cindy Walker
Connie Smith
Crystal Gayle
Dale Evans
Dixie Chicks
Dottie West
Faith Hill
June Carter Cash
k.d. lang
Kitty Wells
K.T. Oslin
LeAnn Rimes
Lee Ann Womack
Linda Ronstadt
Lorrie Morgan
Lucinda Williams
Lynn Anderson
Martina McBride
Mary Chapin Carpenter
Minnie Pearl
Mother Maybelle Carter
Pam Tillis
Patsy Montana
Patty Loveless
Reba McEntire
Roseanne Cash
Shania Twain
Tanya Tucker
The Judds
Trisha Yearwood
Wanda Jackson

S C R A J U Q A O I K M L Q D V T D J X H Z K D S K P K C F

J X I I N I A N N I C Y A L M A V N K I O U P S Y D D C U K

G N D N G N P B T A N A I R N F R W X M P L U A A L J A E H

K D J J D N E T Z N T M F Y Y R V J A O P A E N A A Y M X F

I T L C O Y Y M A Q H N A J Q C D S U N R T I V R N Y O F D

W O W G X W W N U K Q T O G F V H M I K D A K S J G A W U O

A L V I E Q D A A R U H S M I Y U A N L W A T Y C T T N G O

J O P L F E E D L C R G N Y Y D O O P T L B J L E F I N B W

L R L M R I W F K K Q A M R D S S X A I W I U A G N U A K R

C S V S Q V H E W W E D Y S C I T I K D N C T D C W I E Z A

C A O Z Y R R F Y R A R S Z L D N A Z V I C J M G K Z E T E

V N A G R O M E I R R O L A A A E N P N L B A E A E S L T Y

R E B A M C E N T I R E L T H P E C D M L A T R I P I O M A

B L R A E P E I N N I M S S I M Q A E P T R U B P J M R N H

J O S Q R O D D I Z K N N V T X W C E U M B M Z X E V K M S

M Z N P G U E Q I M O J W P N I W V P F T A M R X A N V P I

Q S L C L E A N N R I M E S L K V C K X C R J H D O W T I R

U M O T H E R M A Y B E L L E C A R T E R A R T O M Z Q E T

H V M V Z G X D L S Q C I S Z F J N S W Y M O I T E E Y W R

G Z O H R X N L J A K A M T H E J U D D S A S M T E C Y K Q

C O B R K I I P M C M C O A K N U X B T T N E S I E X Q A O

Q G Y U L H A B U S N K I S N A V E E L A D A E E L I Z B N

E H D Q H Z J M C K G Y R H W I H G Z P L R N I W A I K S W

D K V T N K C O L V T O K N C C T R O T G E N N E D K Y J V

B O I Y U H V L W O N O B Y T E Z R T S A L E N S N Z A Y P

I A G M O E U X K K Y C S F F J I W A Z Y L C O T E T J D Q

F P M B H W J O N A T H F L Q V I X N M L S A C X R R A V C

H S A C R E T R A C E N U J I S D Z I N E Z S W K B O D V R

P A T T Y L O V E L E S S M F N H G E D H U H J B S O W Z J

Y B K Z J Z H M Q E V V A C L G D Q D I R C Z L S C V N V A

DRAW YOURSELF AS A WANTED OUTLAW

WANTED

DEAD OR ALIVE

COLOR TOBY KEITH
RED, WHITE AND BLUE CRAYONS ONLY!

ANSWERS

Pg. 3, State Match-up: Alabama

Pg. 13, Dixie Chicks Quote Match:
1-b, 2-a, 3-d, 4-c

Pg. 19, Strong Women of Country Match-up:
1-c, 2-e, 3-b, 4-a, 5-d

Pg. 22, Alternative Country Crossword:
ACROSS: 2. Hank Williams, 4. Uncle Tupelo, 10. Drive By Truckers, 13. BR549, 15. The Jayhawks, 16. Neko Case, 17. Jason and the Scorchers, 19. Bottle Rockets, 22. Richard Buckner, 23. Palace, 24. Townes Van Zandt, 25. Wayne Hancock

DOWN: 1. Chuck Prophet, 3. The Gourds, 5. Whiskeytown, 6. Gillian Welch, 7. My Morning Jacket, 8. Jerry Jeff Walker, 9. Vic Chesnutt, 11. Son Volt, 12. Jimmie Dale Gilmore, 14. Ryan Adams, 18. Steve Earle, 20. Old 97's, 21. Wilco

Pg. 39, Match Dwight Yoakam's Hat: d

Pg. 43, Brad Paisley Match: b & d

WANTED

DEAD OR ALIVE

ABOUT THE AUTHOR

Aye Jay is an artist from Chico, California, best known for his pop culture activity books. He is a proud husband and father. See more of his work at www.ayejay.com